Verena Philipp

Floristischer Fensterschmuck

zur Frühlingszeit

ISBN 3-7724-1322-6 · Best.-Nr. 1322 · © Copyright 1990 by Frech

2. 3. 4. 5. Auflage
Erste Zahl maßgebend

frech-verlag

Jahr: 1994 93 92 91 90
Letzte Zahl maßgebend

Printed in Western Germany · Druck: Frech, Stuttgart-Weilimdorf

Wenn uns Gestecke und Kränze über die Weihnachtszeit hinaus den ganzen Winter begleitet haben, freuen wir uns darauf, mit dem beginnenden Frühjahr wieder frischere Farben zu verwenden. Frühjahr heißt „erwachendes Leben“, Ostern ist der natürliche Höhepunkt.

Nun ist viel Gelb gefragt, daneben alle anderen leuchtenden Farben. Wir lassen Vögel im Gesteck zwitschern, nehmen Hühner, Hähne, Küken und Entchen in die Gestaltungen auf und – natürlich auch Eier, wie es nun einmal in die Osterzeit paßt. Alles, was neues Leben verheißt, ist uns willkommen.

Ich hoffe, daß meine Vorschläge Ihnen gefallen. Streben Sie bitte nicht ein allzu genaues Nacharbeiten an. Nicht immer erhalten Sie exakt das gleiche Material. Kleine (oder große) Abwandlungen sind durchaus wünschenswert, so daß Sie Ihre eigenen Empfindungen und Ihren persönlichen Geschmack miteinflechten.

Viel Spaß wünscht Ihnen Verena Philipp

Aparter Kranz mit Seidenblumen

Material:

1 Kranz aus ungeschälter Weide
kleiner Steckschaumwürfel
rosa Glixia
dunkelblaue Beerenstiele
angedrahtete Netzblätter
lila Islandmoos
verschiedenfarbene Eier, mit Aufhängefaden
hellblaue Seidenblumen
angedrahtete rosa Hasen
je 1 Schleife aus 1,20 m Band, und 1,00 m Band
Aufhängung, 0,50 m Band

Das Aufhängeband zusammen mit der Schleife (1,20 m) befestigen und gegenüberliegend den Steckschaumwürfel festkleben. Eine harmonische Dekoration aus Glixia- und Seidenblumenbüscheln, strahlenförmig eingesteckten Beerenstielen und Netzblättern sowie an einem Punkt eingesteckten Eiern und der Schleife fertigen. Dezente Islandmoospolster und die Hasen, nach einer Richtung weisend, dekorieren.

◁ ## Flacher Weidenkorb

Material:

Flacher, grüner Weidenkorb
naturfarbene Straußgräser
hellgrünes Islandmoos
5 gelbe angedrahtete Hasen
gelbe Federn
1 Schmetterling
hellgrüne Glixia
gelbe Everlasting
rot-weißes Band: Aufhängung 0,50 m
für den Henkel 0,80 m
2 Schleifen je 1 m lang
6 gelbe Osteranhänger

Mit dem 80 cm langen Band den Henkel des Weidenkorbes locker umwickeln. Enden festkleben und das Aufhängeband anbringen.

Beidseitig des Henkels je eine Schleife anstekken. Die naturfarbenen Straußgräser mit Draht zusammenbinden und ebenfalls am Henkel fixieren. Den Korb sowie den Henkel mit Islandmoospolstern, Federn, Schmetterling und Osterhasen schmücken. Einzelne Everlasting aufkleben und kleine Glixiabüschel einstecken.

Buchsbaumkranz

Material:

1 Drahtreif, 15 cm Ø
Floristenband
Myrtendraht
Buchs
5 gelbe angedrahtete Küken
angedrahtetes Heu
3 gelbe angedrahtete Eier
hellgelbe Federn
Aufhängung: 2 Schleifen, je 0,60 m lang
Aufhängeband, 0,60 m lang
Abschluß: 2 Schleifen aus je 1 m Band

Den Drahtreif mit Floristenband umwikkeln. Mit Buchs und Myrtendraht einen gleichmäßigen Kranz binden. Die beiden Schleifen und das Aufhängeband einstekken. Gegenüberliegend eine dezente Dekoration aus Küken, Eiern, Heu und Federn arrangieren. Abschließend die restlichen Schleifen einstecken.

Blauer Osterkranz mit gelben Strohblumen

Material:

Drahtreif, 20 cm Ø
Moos
Floristenband
Myrtendraht
blaues Islandmoos
18 weiße angedrahtete Eier
hellblaue Federn
gelbe Everlasting oder Strohblumen
blauer Perlginster
1 Schmetterling
1 Schleife aus hellblauem Band, 1 m lang
Aufhängeband, 0,60 m lang

◁ Den Drahtreif mit Floristenband umwickeln und mit Moos einen Wulst aufbinden. Gebunden wird gegen den Uhrzeigersinn. Etwas mehr als die Hälfte des Kranzes mit Islandmoos, Federn, Eiern und nach außen schwingen dem Perlginster schmücken. Eine Schleife einstecken und mit Islandmoos, Everlasting, Perlginster und Federn weiterbinden. Nun das Aufhängeband anbinden und den Schmetterling aufkleben.

Osterkranz in gelb-weißer Farbstimmung

Material:

1 Steckschaumring, 18 cm ∅
gelbe, angedrahtete Eier
cremefarbene Seidenblüten mit Perlen
Blätter
weiße Federn
gelbe Lackfolie
grünes Islandmoos
7 Schleifen aus je 2 m gelbem Samtband
Aufhängung 0,60 m

Die Lackfolie leicht zusammenknüllen und mit Draht auf dem Steckschaumring fixieren. Dazwischen die Eier bzw. Seidenblüten in Gruppen arrangieren. An der Kranzaußenseite die Blätter sowie Federn einstecken. Noch sichtbaren Steckschaum mit Islandmoos und Federn abdecken. Das Aufhängeband festknoten und die Schleifen einstecken.

Ginsterschleife rosa dekoriert

Material:

1 Ginsterschleife
1 kleiner Steckschaum-würfel
2 hellrosa Eier
3 rosa angedrahtete Hasen
rosa Islandmoos
rosa-melierte Federn
Aufhängung: 1 Schleife aus rosa-weißem Band, 1 m lang
0,60 m als Aufhängung
Abschluß: 1 Schleife aus rosa-weißem Band, 1,40 m lang
1 Schleife aus weißem Band, 1,20 m lang

Das Aufhängeband anbinden und mit der Schleife sowie etwas Islandmoos und zwei Federn die Bindestelle kaschieren. Gegenüberliegend den Steckschaumwürfel festkleben und mit Islandmoos, Eiern, Hasen und Federn schmücken. Die großzügig gelegten Schleifen einstecken.

Gelber Weidenkranz mit gelben Küken

Material:

1 gelber Weidenkranz, 18 cm Ø
1 Pappkartonscheibe, 16 cm Ø
Steckschaum
Seidenblumen-Maiglöckchen mit Blättern
5 gelbe angedrahtete Küken
3 gelbe angedrahtete Eier
hellgrünes Islandmoos
gelbe Federn
2 Schleifen aus je 1,20 m gelbem Band
Aufhängung: 1 m gelbes Band
Abschluß: 2 × 0,50 m Band

Den Pappkarton auf die Unterseite des Weidenkranzes kleben und den Steckschaum einpassen. Das Aufhängeband gegenüberliegend anknüpfen und jeweils mit einer Schleife dekorieren. Ein reizvolles Arrangement aus Maiglöckchen, Islandmoos, Küken, Federn und Eiern fertigen. Abschließend an die Kartonunterseite die beiden Bänder und einige Federn ankleben.

Korkenzieherhasel mit kleinen Körbchen

Material:

1 Korkenzieherhaselzweig
verschiedene Körbchen mit Aufhängekordel
rosa und blaues Islandmoos
Seidenblüten
angedrahtete Hasen und Eier
Schäfchen, Hennen, Küken, Enten
rosa und blaue Federn
Schleifen aus rosa Band, je 0,50 m lang
Aufhängeband mit Schleife, 1,50 m lang

Flacher Weidenkorb

Material:

1 gelber, flacher Weidenkorb
1 angedrahtetes Nest
graues Islandmoos
grünes Dschungelgras
5 gelbe angedrahtete Eier
Beerendolden mit Blättern
Holzhasen an Fäden
grün-gelbes Band, 0,60 m
2 Schleifen, 1,20 m und 0,80 m lang
2 Schmetterlinge

Flacher Weidenkorb mit grün-gelben Materialien

(Abb. siehe Seite 12)

Material:

1 gelber, flacher Weidenkorb
1 kleiner Steckschaumwürfel
hellgrünes Islandmoos
7 weiße, angedrahtete Eier
grünes Dschungelgras
Perlginster
weiße Federn
2 Schmetterlinge
1 Vogel
2 Schleifen aus grünem Band, je 0,70 m lang
2 Schleifen aus gelber Samtkordel, je 2,50 m lang
Aufhängekordel, 0,60 m lang

Die Aufhängekordel anknüpfen und mit Dschungelgras und Federn schmücken. Gegenüberliegend den Steckschaumwürfel festkleben und mit Federn, Schleifen, Eiern, Islandmoos und Dschungelgras verzieren. Als Mittelpunkt den Perlginster arrangieren. Die beiden Henkelansätze mit Schleifen und Federn schmücken. Abschließend die Schmetterlinge und den Vogel aufkleben.

Kranz in gelb-grünen Farbtönen

(Abb. siehe Seite 13)

Material:

Drahtreif, 23 cm Ø
Floristenband
Myrtendraht
gelbe Statice
weiße Federn
gelbe angedrahtete Eier
gelbes Islandmoos
gelbe Blüten (Seidenblumen)
grüne Glixia
grüne Briza maxima
grüne Blätter
Aufhängung: je 1 m gelbes und grünes Band
Abschluß: je 1,50 m gelbes und grünes Band
1 brauner Schmetterling

Den Drahtreif mit Floristenband umwickeln. Aus obigen Materialien einen spannungvoll angeordneten Kranz binden. Das Aufhängeband zusammen mit zwei kleinen Schleifen anknüpfen und gegenüberliegend die Abschlußbänder einstecken.

Dezenter Kranz ▷

Material:

Drahtreif, 20 cm Ø
Floristenband
Myrtendraht
weißer Perlginster
gelbe angedrahtete Eier
Seidenblumen-Maiglöckchen mit Blättern
weiße Federn
grünes Islandmoos
2 Schleifen aus weiß-grünem Band, je 0,60 m lang
Aufhängung: 0,60 m
Abschluß: 2 Schleifen, je 0,80 m lang
2 Bänder, je 0,60 m lang

Den Drahtreif mit Floristenband umwickeln und das Aufhängeband befestigen. Beidseitig des Aufhängebandes aus Islandmoos, Eiern, Federn, Maiglöckchen und Schleifen, nach unten breiter werdend, einen wirkungsvollen Kranz binden. Den Perlginster dezent nach außen legen. Den Abschluß verstärkt mit Moos und Seidenblumen sowie den Schleifen und Bändern schmücken.

Fröhliches Treiben im Osternest

Material:

Weidennest
kleiner Steckschaumwürfel
weiße Federn
5 weiße angedrahtete Eier
2 weiße Schmetterlinge
gelbe Seidenblumen-Margeriten
5 gelbe Küken
Aufhängung: 80 cm gelbes Rupfenband
2 Schleifen aus gelb-grünem Band, je 1,20 m lang

Den Steckschaumwürfel in das Nest kleben und die Aufhängung anknüpfen. Die einzelnen Materialien zu einem stimmungsvollen Osternest arrangieren. Abschließend die beiden Schleifen einstecken.

Weidenkätzchenzweige, österlich dekoriert

Material:

Weidenkätzchenzweige (aus dem Garten oder Fachhandel)
rosa Hasen mit Band
rosa Eier mit Band
1 Nest
rosa angedrahtete Eier und Hasen
grünes Islandmoos
3 Schleifen aus rosa Band, je 1 m lang
Aufhängung mit Schleife, 1,20 m lang
Federn

Die Weidenkätzchenzweige mit Draht zusammenfassen und mit dem Aufhängeband fixieren. Im oberen Teil das mit Islandmoos, Eiern, Hasen und Federn geschmückte Nest arrangieren. Die mit Federn verzierten Eier und Hasen anhängen. Abschließend die Schleifen befestigen und die Federn ankleben.

Heller Weidenkranz mit violetter Farbstimmung

Material:

1 gebleichter Weidenkranz, 14 cm Ø
rosa Islandmoos
2 rosa Holzhasen
bordeauxfarbene Netzblätter
lila Schmetterlinge
Aufhängeband mit Schleife, 1 m lang
Abschluß: 3 × 0,40 m Band

Das Aufhängeband zusammen mit der Schleife und einem kleinen Islandmoostupfer um den Weidenkranz binden. Gegenüberliegend ein kleines Arrangement aus Netzblättern, Islandmoos, Holzhasen und Bändern kleben. Die Schmetterlinge aufkleben.

Weidenschleife, chic dekoriert

Material:

Schleife aus ungeschälter Weide
gelbe angedrahtete Hasen
weiße Federn
weiße Vögel
grünes Dschungelgras
verschieden große, weiße Eier mit Aufhängeband
2 Aufhängebänder, je 0,50 m lang
2 Schleifen aus rot-weißem Band, je 1,50 m lang

Die beiden Aufhängebänder zusammen mit je einer Schleife gegenüberliegend befestigen. Zwischen den einzelnen Weiden die Dschungelgrasbüschel und Federn festkleben. An der linken Seite in einer Gruppe die Eier einhängen und rechts die Vögel aufkleben. Abschließend die Hasen in zwei Gruppen anbringen.

◁ Kranz mit gelben Seidenblumen und weißen Federn

Material:

1 Drahtreif, 16 cm Ø
Floristenband
Myrtendraht
gelbe Seidenblumen mit Blättern
cremefarbene Federn
Perlginster
gelbes Islandmoos
angedrahtete Hortensienblüten
gelbe Flaumfaser
1 Schleife aus gelbem Band, 2 m lang
Aufhängung: 0,60 m
Abschlußbänder: 2 × 0,90 m

Den Drahtreif mit Floristenband umwickeln. Abwechselnd aus Seidenblumen, Islandmoos, nach außen schwingendem Perlginster, Federn, Hortensienblüten und Flaumfaserbüscheln mit Myrtendraht einen effektvollen Kranz binden. Die Abschlußbänder mit Draht einstecken und das Aufhängeband zusammen mit der Schleife befestigen.

Korkenzieherhaselzweig mit Weidenkörbchen

Material:

4 kleine Weidenkörbe
grünes Islandmoos
weiße Federn
verschiedene Küken und Hennen
gelbe Eier
gelbe Seidenblumen-Rosen
gelbe Samtkordel und kleine Schleifen
Korkenzieherhaselzweig
gelbes Rupfenband mit Schleife, 1,50 m lang

Die Körbchen nach Foto dekorieren, mit Schleifen und Aufhängeband versehen und am Zweig befestigen.

Grüner Weidenkranz weiß dekoriert

Material:

grüner Weidenkranz,
30 cm Ø
getrocknete Zweige
weiße Seidenblumen
und Blätter
gelbe Federn
6 gefaltete Papier-
schmetterlinge
1 weißer Vogel
1 gelbes Küken
Aufhängung:
0,80 m gelbes Band
Abschlußbänder:
4 × 0,60 m gelbes Band

Das Aufhängeband um den Kranz legen und beide Enden zusammenknoten. Gegenüberliegend die vier Abschlußbänder ebenfalls um den Kranz legen und direkt am Kranz anknoten. Die getrockneten Zweige zusammendrahten und mit Draht am Kranz befestigen. Aus Seidenblumen und -blättern, Federn, Schmetterlingen, Vögeln und Küken eine harmonische Dekoration kleben.

Kranz aus verschiedenen Materialien

Material:

Drahtreif, 18 cm Ø	grüne Briza maxima
Floristenband	grüner Lagurus
Myrtendraht	gelbe Everlasting
grünes Islandmoos	weiße Schafwolle
grünes Dschungelgras	Aufhängeband mit Schleife, 1,60 m

Den Drahtreif mit Floristenband umwickeln. Abwechselnd Islandmoos, Everlastinggruppen, Gräser und Schafwolle sowie Dschungelgras mit Myrtendraht auf den Drahtreif binden. Abschließend die Aufhängung sowie die Schleife befestigen.

Ginsterkranz mit Kirschen

Material:

Ginsterkranz, 20 cm Ø
grüne Blätter
hellgrünes Islandmoos
4 angedrahtete Hasen
rote Kirschen
weißer Seidenblumen-Ginster
2 Schleifen aus 0,80 m
bzw. 1,20 m Band
Aufhängung: 0,60 m Band

◁ Das Aufhängeband anbinden und die beiden Schleifen mit Draht am Kranz fixieren. Die Ginsterzweigchen in drei Gruppen aufkleben. Islandmoospolster und einzeln bzw. in Gruppen die Kirschen dekorieren. Gegenüber dem Aufhängeband die Blätter dekorieren und die vier Hasen aufsetzen. Abschließend die beiden Schwalben anbringen.

Grüne Ginsterschleife mit gelben Bändern

Material:

grüne Ginsterschleife
Aufhängung:
0,40 m gelbes Rupfenband
Schleife, 0,80 m lang
Umschlingen: 0,80 m Band
Abschluß: 2 × 0,25 m Band
4 weiß-gelbe Küken
5 Bienen
grünes Islandmoos
Blätter
orange Früchte

Das Aufhängeband zusammen mit der Schleife anbringen. Gegenüberliegend die beiden 0,25 m langen Bänder mit Hilfe von Steckdraht fixieren. Das 0,80 m lange Band um die Schleife schlingen. Enden festkleben. Eine farbenfrohe Dekoration aus Islandmoos, Blättern, Küken und Bienen sowie den Früchten fertigen.

Osterkranz in Gelbtönen

Material:

Steckschaumring, 26 cm Ø
grüne Flaumfaser
weiße angedrahtete Eier
gelbe Capblumen
gelbe Straußgräser
grüne Gräser
gelbe Glixia
weiße Anaphalis
gelbe Hähne
grüne Blätter
2 Schleifen aus je
1,50 m Band
4 Schleifen aus je
0,80 m Band
Aufhängung: 0,40 m

Eine wirkungsvolle Dekoration aus Blüten, Gräsern, Eiern und Hähnen sowie den Blättern und Flaumfaserbüscheln herstellen. Dabei die Straußgrasbüschel und die Blätter jeweils in regelmäßigen Abständen nach außen hin anordnen. Aufhängeband mit allen Schleifen einstecken.

Kranz aus Schilfgräsern und gelben Blumen

Material:

Steckschaumring, 30 cm Ø
Schilf- oder Bärgräser
Blätter
gelbe Everlasting
angedrahtete weiße Eier
hellgrünes Islandmoos
gelbe Federn
gelbe Capblumen
verschiedene Holzhasen und -vögel
Aufhängeband: grünes Rupfenband, 0,60 m lang
Abschluß: 14 Bänder à 0,30 m

Auf dem Steckschaumring die Schilf- und Bärgräser mit Draht in zwei gegeneinander verlaufenden Gruppen fixieren. Hauptsächlich an der Kranzinnen- bzw. -außenseite die Blätter einstecken. Zwischen den Gräsern eine spannungsvolle Dekoration aus Federn, Bändern, Eiern, Blüten und Holzhasen bzw. -vögeln und Islandmoos arrangieren. Die Abschlußbänder sowie das Aufhängeband gegenüberliegend anknüpfen bzw. einstecken.

Kranz mit gelb-weißen Hasenanhängern

Material:

1 Metallgehänge
(Reif mit Hasenanhängern)
gelbe Eier
grünes Islandmoos
gelbe Federn
Blätter
gelbe Capblumen
1 Schleife aus 1 m gelbem Band
Aufhängung: 0,40 m

Die Schleife zusammen mit dem Aufhängeband am Gehänge befestigen. Jede Eiform mit einer Feder, Islandmoos und einem Ei schmücken. Den oberen Kranz mit Islandmoos, Capblumen, Eiern und Federn sowie den Blättern dekorativ verzieren.

Ovaler Weidenkranz mit blauen Materialien

Material:

ovaler Weidenkranz, 18 cm Ø
Canella
blaue Früchte
verschiedene Blätter
blaue Federn
blaue Knopfblumen
rosa angedrahtete Hasen
rosa Anaphalis
Schleife aus blauem Band, 0,80 m lang
Aufhängung: 0,60 m lang

Den Weidenkranz mit aufgeklebten Früchten, Blättern, Blüten, Hasen und Federn dekorativ schmücken. Das Aufhängeband zusammen mit der Schleife anknoten.

Nest auf Birkenzweigen

Material:

Birkenzweige
kleines Nest
naturfarbene Eier
Gänseblümchen
Hortensien
Heu
2 Schmetterlinge
3 Schleifen aus gelbem Band, je 1 m lang
Aufhängeband, 1 m lang

Aus Birkenzweigen ein Oval legen und mit Draht fixieren. Das Nest mit Draht befestigen und zusätzlich mit Klebstoff sichern. Das Nest mit Gänseblümchen, Heu, Eiern, Blättern und Hortensien wirkungsvoll schmükken. Beidseitig je eine Schleife einstecken. Das Aufhängeband zusammen mit der dritten Schleife sowie einigen Hortensien und Blättern anordnen. Abschließend die beiden Schmetterlinge aufkleben.

Farbenfroher Korb

Material:

Ginsterkorb mit Henkel
Steckschaum
weiße Seidenblumen
rosa angedrahtete Eier
rosa Capblumen
lila Islandmoos
rosa Knopfblumen
lila Knopfblumen
grünes Dschungelgras
weißer Perlginster
2 lila Schmetterlinge
weißes Schleierkraut
4 Schleifen aus je 1 m Band
Aufhängung: 0,80 m Band
kleine rosa Strohblumen

Den Steckschaum in den Korb kleben, so daß eine leichte Hügelform entsteht. Die einzelnen Blüten und Dekorationsmaterialien in farbenfroher Anordnung gruppenweise einstecken. Dazwischen Dschungelgras und Perlginster ausschwingen lassen. Schleifen und Aufhängeband einstecken.

Ginsterhäuschen mit gelben Küken

Material:

2 kleine Ginsterhäuschen
kleine Steckschaumwürfel
grünes Dschungelgras
Seidenblumen-Margeriten
Seidenblumen-Ginster
gelbes Islandmoos
Schmetterling
Aufhängung:
2 × 0,50 m gelbe Samtkordel
3 Schleifen aus je 3 m
gelber Samtkordel
3 gelbe Küken

Das Dschungelgras nach unten hängend in die Häuschen kleben. Die Innenseite mit den Steckschaumwürfeln bekleben und mit Islandmoos und Küken schmücken. Einzelne Ginsterblüten im Dschungelgras verlieren. Margeriten, Schleifen und Schmetterlinge sowie die Ginsterzweige dekorativ aufkleben.

Buchsbaumkranz mit gelben Hasen

Material:

Drahtreif, 15 cm Ø
Floristenband
Myrtendraht
Buchs
rote angedrahtete Früchte
2 gelbe angedrahtete Hasen
Schleierkraut
Aufhängung: 0,60 m grün-meliertes Band
1 Schleife aus 1 m Band
Abschluß: 2 Schleifen aus je 1 m Band

Den Drahtreif mit Floristenband umwickeln. Aus Buchs und Myrtendraht einen kompakten Kranz binden. Die Früchte und Hasen nach Foto einstecken. Kleine Schleierkrautzweigchen dezent dazwischen einfügen. Das Aufhängeband zusammen mit der Schleife und gegenüberliegend die restlichen Schleifen anordnen.

1 Kranz, apart dekoriert

Material:

Steckschaumring, 15 cm Ø
gelbes Islandmoos
gelbe angedrahtete Eier
Seidenblumen-Veilchen
gelbe Briza maxima
Haselnußzweige
kleine, mit Draht zusammengefaßte Stielbüschel
Aufhängung: 1 Schleife, 0,80 m lang
Aufhängeband 0,60 m
Abschlußbänder: 3 × 0,80 m

Das Islandmoos mit Mooshaften am Steckschaumring fixieren. Leicht nach außen schwingend gelbe Brizzasträußchen einstekken. In unregelmäßigen Gruppen die Veilchen, Eier, Haselnußzweige und einzeln die Stielbüschel arrangieren. Das Aufhängeband zusammen mit der Schleife einstecken. Gegenüberliegend die restlichen Bänder anbringen.

Wandschmuck auf Sperrholzunterlage

Material:

Sperrholzunterlage in Baumform
grünes Islandmoos
gelbe Eier
gelbe Knopfblumen
weißer Schmetterling
2 gelbe Hasen
2 gelbe Vögel
Korkraspel
Sprühkleber
0,60 m gelbes Samtband

Aus Draht eine kleine Schlinge formen und an der Unterlage festkleben. Das Aufhängeband durchziehen. Mit Sprühkleber die Korkraspel fixieren. Kleine Islandmoospolster aufkleben und mit Knopfblumen, Eiern, Hasen, Schmetterling und Vögeln harmonisch schmücken.

Kranz aus Clematislianen und rosa Islandmoos

Material:

Steckschaumring, 23 cm Ø
Clematislianen und dürre Zweige
grüne Blätter
rosa Islandmoos
dunkelrote Beeren
angedrahtete rosa Hasen
angedrahtete rosa Eier
Mohnkapseln
dunkelrote Briza maxima
bordeauxfarbenes Rupfenband mit Schleife, 1 m

Die Clematislianen und Zweige rundum am Steckschaum mit Draht fixieren. Dazwischen kleine Islandmoospolster kleben. Nach außen schwingend in regelmäßigen Abständen die Blätter sowie kleine Brizasträußchen einstecken. Kleine Gruppen aus Beeren, Mohnkapseln, Hasen und Eiern arrangieren. Abschließend die Schleife zusammen mit dem Aufhängeband anstecken.

Buchsbaumkranz mit gelben Hähnen

Material:

Drahtreif, 15 cm Ø
Floristenband
Myrtendraht
Buchs
angedrahtete gelbe Eier
Aufhängung: Schleife aus
2 m langer Samtkordel
1 × 0,50 m
4 Schleifen aus
je 2 m Samtkordel
1 Schleife aus
3 m Samtkordel
cremefarbene Federn
graues Islandmoos
3 angedrahtete gelbe Hähne

Den Drahtreif mit Floristenband umwickeln. Mit Myrtendraht und Buchs von beiden Seiten, nach unten kompakter werdend, einen harmonischen Kranz binden. Das Aufhängeband zusammen mit der Schleife anknüpfen. Gegenüberliegend ein kleines Arrangement aus aufgeklebtem Islandmoos, Federn, eingesteckten Eiern, Hähnen und den Schleifen fertigen.

Weißer Weidenkranz

Material:

weißer Weidenkranz, 18 cm Ø
8 lila Bänder je 0,40 m lang
Seidenblumen-Veilchen mit Blättern
lila Islandmoos
weiße Federn
2 weiße Vögel
8 geschmückte Eier mit Aufhängeband

Die lila Bänder in regelmäßigen Abständen am Kranz anknüpfen und mit einem dekorierten Ei zusammenknoten. Die restlichen sieben Eier am Kranz anknoten. Aus Seidenblumen, Federn und Islandmoospolstern sowie den Vögeln eine harmonische Dekoration herstellen.

Ginster-Vogelhäuschen

Material:

1 Ginster-Vogelhäuschen
1 angedrahtetes Nest
angedrahtete gelbe Eier
1 Küken
cremefarbene Federn
3 Schwalben
gelbe Seidenblumen und -blätter
2 Schleifen aus je 1,20 m gelbem Band
Aufhängung, 1 m gelbes Band
grünes Islandmoos

Das Aufhängeband zusammen mit einer kleinen Schleife mit Draht am Vogelhäuschen anbringen. Das Dach mit herabhängenden Seidenblumenblüten, Blättern und zwei Schwalben schmücken. Das Nest im Häuschen befestigen, mit Islandmoos, Eiern und dem Küken schmücken. Rundum die Federn ankleben und die beiden Schleifen anstecken.

Schilfkranz mit weißen Seidenblumen

Material:

Steckschaumring, 30 cm Ø
Schilf- oder Bärgräser
Seidenblumen-Flieder und -Blätter
gelbes Islandmoos
gelbe Glixia
gelbe Capblumen
Aufhängeband, 0,60 m
4 Schleifen aus je 1,50 m Band
6 gelbe Schmetterlinge

Die Bär- bzw. Schilfgräser büschelweise mit Draht auf dem Steckschaumring fixieren. Dazwischen den Flieder in Gruppen sowie kleine Islandmoospolster einstecken bzw. mit Mooshaften befestigen. Glixiasträußchen und Capblumen andrahten und ebenfalls arrangieren. Am Rand entlang die Blätter anbringen. Das Aufhängeband anknüpfen und gegenüberliegend die Schleifen einstecken. Abschließend die Schmetterlinge aufkleben.

Ginsterschleife mit gelben Enten und Eiern

Material:

Ginsterschleife
2 hellgelbe Enten
gelbes Islandmoos
melierte Federn
5 hellgelbe Eier, an gelbem Band mit Federn geschmückt
Seidenblumen-Ginster
5 kleine, weiße Schmetterlinge
1 Schleife aus gelbem Band, 1 m lang
Aufhängeband, 0,60 m lang

An die Ginsterschleife das Aufhängeband anknüpfen und darüber die Schleife anbringen. Gegenüberliegend die Eier befestigen, beidseitig davon den Ginster entlang der Schleife festkleben. Dazwischen kleine Moospolster und weitere Federn sowie die beiden Enten dekorieren.

Geschmückter Weidenkorb

Material:

grüner Weidenkorb
gelbe Eier, angedrahtet
grünes Islandmoos
weiße Hennen
Seidenblumen-Margeriten und kleine Blüten
2 Schmetterlinge
weiße Federn
Aufhängung: 1 Schleife aus 0,80 m gelbem Band
Aufhängung 0,50 m
4 Schleifen aus je 1,20 m Band

Das Aufhängeband zusammen mit der Schleife am Korbhenkel befestigen. Den Korb samt Henkel mit aufgeklebten Islandmoospolstern, die mit kleinen Seidenblumen verziert sind, mit Eiern, Margeriten, Hennen und Federn schmücken. Gegenüberliegend je zwei Schleifen anordnen und die beiden Schmetterlinge aufkleben.

Kranz mit gelben Schleifen

Material:

grüner Gräserkranz, 20 cm Ø
gelbe Seidenblumen mit Blättern
2 Schmetterlinge
2 Holzeier mit Faden
2 Holzhasen mit Faden
cremefarbene Federn
Aufhängung: 1 Schleife, 0,80 m lang
0,50 m Aufhängeband
2 Schleifen je 0,80 m lang
Abschluß: 4 × 0,40 m Band

Das Aufhängeband um den Kranz schlingen und eine Schleife daranstecken. Federn und Seidenblumen spannungsvoll am Kranz ankleben. Die beiden Schleifen anstecken und die Hasen und Eier mit Draht fixieren. Abschlußbänder anbringen und die Schmetterlinge aufkleben.

Kranz aus Birkenzweigen

Material:

Birkenzweige
1 Körbchen als Nest
Heu
angedrahtete gelbe Eier
cremefarbene Federn
Hahn und Henne
1 Nestchen mit Vogel
1 Vogel
Aufhängung:
0,60 m gelbes Band
2 Schleifen: je 0,60 m
5 Abschlußbänder: 0,50 m

Die Birkenzweige zu einem Oval legen und mit Draht fixieren. Diese Stelle mit dem Abschlußband und den beiden Schleifen verdekken. Gegenüberliegend eine reizvolle Dekoration aus Körbchen, Federn, Bändern, Hahn und Henne, Heu und Eiern arrangieren. Weitere kleine Birkenzweige einstecken. Die beiden Vögel zusammen mit einigen Federn ankleben.

Kranz mit grünen Straußgräsern

Material:

Drahtreif, 16 cm Ø
Floristenband
Myrtendraht
grüne Straußgräser
hellgrünes Islandmoos
gelbe Seidenblumenrosen mit Blättern
gelbe Federn
gelbe angedrahtete Eier
2 Schleifen aus gelber Samtkordel, 1 m und 2 m lang
grün-gelbes Band als Aufhängung, 0,60 m lang
2 Schleifen 1,20 m und 0,80 m lang

Den Drahtreif mit Floristenband umwickeln und mit Myrtendraht aus Seidenblumen, Islandmoospolstern, kleinen Straußgrassträußchen, Federn und Eiern einen regelmäßigen, dezenten Kranz binden. Das Aufhängeband zusammen mit den 1 m und 0,80 m langen Schleifen anknüpfen. Gegenüberliegend die restlichen Schleifen einstecken.

Kranz mit gelben Eiern

Material:

1 Steckschaumring
Heu
dürre Zweige
gelbe, angedrahtete Eier
weiße Seidenblumen
Monetenblätter
Hortensienblüten
je eine Schleife aus 1,50 m und 1 m Band
Aufhängung, 0,60 m Band
grünes Islandmoos

Die dürren Zweige filigran mit Steckdraht auf dem Steckschaumring befestigen. Gruppenweise Eier und Seidenblumen anordnen. Noch vorhandene Zwischenräume mit Islandmoos und Heu schließen. Am Rand entlang einen regelmäßigen Ring aus Monetenblättern einstecken. Eine dezente Dekoration aus Hortensienblüten ankleben. Abschließend die Schleifen zusammen mit dem Aufhängeband arrangieren.

3 Häschen auf gebogenen Birkenzweigen

Material:

Birkenzweige
hellgrünes Islandmoos
Blätter
Seidenblumen in gelb und weiß
3 Hasen
Aufhängeband, 1 m lang mit Schleife
Schleife, 1,50 m lang

Aus den Birkenzweigen ein Oval formen und mit Draht fixieren. Das Aufhängeband mit der Schleife befestigen. Gegenüberliegend ein kleines Arrangement aus Seidenblumen, Hasen, Blättern und Islandmoos fertigen. Den Birkenzweigen entlang dezent abschließen. Die Schleife einstecken.

Violettfarbener Kranz

Abb. siehe Titelseite

Material:

Steckschaumunterlage, 25 cm Ø
lila gefärbter Hafer
Stiele des Hafer mit Draht zu Büscheln zusammengefaßt
Hortensienblüten
lila Seidenblumenblüten
Blätter
rosa Flaumfaser
Netzblätter
Aufhängung: 0,60 m Band
3 Schleifen aus je 0,80 m Band

Die gebündelten Stiele des Hafers mit Mooshaften auf der Steckschaumunterlage rundum befestigen. Dazwischen eine stimmungsvolle Dekoration aus Haferbüscheln, Hortensienblüten, Seidenblüten, Seidenblumen und Blättern arrangieren. Rosa Flaumfaserschlingen in die noch vorhandenen Lükken einfügen. Im oberen Kranzteil rundum die Netzblätter einstecken. Aufhängeband und eine Schleife einstecken.

Frühlingsgesteck auf gelbem Holzreif

Abb. siehe Umschlagrückseite

Material:

gelber Holzreif, 12 cm Ø
kleiner Steckschaumring
grünes Dschungelgras
gelbe Federn
Seidenblumen-Maiglöckchen und -Blätter
3 kleine weiße Enten, angedrahtet
2 Schmetterlinge
50 cm gelbes Band als Aufhängung

Das Aufhängeband am Holzring einhängen und gegenüberliegend einen kleinen Steckschaumwürfel festkleben.
Maiglöckchen, Blätter, Federn, Dschungelgras dekorativ einstecken. Die obere Ringhälfte noch zusätzlich mit zarten Federn, Schmetterlingen und etwas Dschungelgras schmücken. Abschließend die drei Enten einstecken.